Prece Única

ANA NUNES

Prece Única © Ana Nunes 08/2021
Edição © Crivo Editorial, 08/2021

EDIÇÃO E REVISÃO Amanda Bruno de Mello
ILUSTRAÇÃO DA CAPA Felipe Pedrosa
PROJETO GRÁFICO E DIAGRAMAÇÃO Luis Otávio Ferreira
COORDENAÇÃO EDITORIAL Lucas Maroca de Castro

Dados Internacionais de Catalogação na
Publicação (CIP) de acordo com ISBD

N972p   Nunes, Ana
Prece Única / Ana Nunes. - Belo Horizonte, MG : Crivo Editorial, 2021.
170 p. : il. ; 14cm x 21cm.
ISBN: 978-65-89032-24-3

1. Autoconhecimento. 2. Fé. 3. Motivacional. I. Título.
2021-3011   CDD 150.1943   CDU 159.9.019.4

Elaborado por Vagner Rodolfo da Silva - CRB-8/9410

Índice para catálogo sistemático:
1. Autoconhecimento 150.1943
2. Autoconhecimento 159.9.019.4

CRIVO EDITORIAL
Rua Fernandes Tourinho, 602, sala 502
30.112-000 – Funcionários – Belo Horizonte – MG

🌐 crivoeditorial.com.br   📷 instagram.com/crivoeditorial
✉ contato@crivoeditorial.com.br   🌐 crivo-editorial.lojaintegrada.com.br
ⓕ facebook.com/crivoeditorial

Prepare o coração pra receber coisas boas.
Enquanto espera, sorria!

prefácio

Pâmela Marques

Recordo-me das orações que aprendi na tenra infância. Com os olhinhos curiosos, fitava o céu pela janela de um casebre no interior e pedia que me fosse concedido um desejo. Sonhos que cintilavam no céu, em pequenas estrelas reluzentes, eram verbalizados em palavras saídas do coração de menina sonhadora. Uma prece única.

Prece Única é um livro para se ter na cabeceira da cama e resgatar a criança crédula que há em nós. Aquela que acreditava que tudo era possível desde que se colocasse fé. Ele nos convida a bendizermos os dias e a nos olharmos com mais gentileza. Ele nos conecta ao universo, ao Criador e a nós mesmos.

Ana Nunes nos presenteia com um livro sobre fé, perseverança e resiliência. É um abraço afetuoso da autora nos convencendo que há sempre uma bênção em tudo o que vivemos. É também um convite para tomar um café quentinho enquanto celebramos as nossas conquistas e projetos vindouros. Ana Nunes nos abraça com palavras reconfortantes e sussurra em nosso ouvido que as estradas da vida estão a nos esperar. Prece Única é uma oração para dias difíceis, mas, sobretudo, uma janela que aponta para o céu e as estrelas cadentes.

A mesma paz que desejo pra mim, desejo a você. Como prece, como reza, como qualquer coisa bonita que não tenha fim.

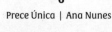

É hora de fazer as pazes com Deus.

Você já sentiu que brigou com Deus, que questionou demais, que reclamou demais? Eu sim.

Feche seus olhos e me ouça. Deus sente sua falta. Não importa quais foram seus motivos para se fechar. Não importa para Deus se você falhou, Deus se preocupa com seu silêncio e com suas dores. Deus se importa quando tenta te abraçar e não te alcança. Não se feche assim. Não deixe essa dor te machucar mais.

Deus quer ver o seu sorriso.

Ele sabe que o mundo não tem combinado com o seu colorido e sabe que sua alegria está adormecida. Mas esses acontecimentos todos pedem ainda mais fé. Cadê sua esperança?

Deus sente falta de bater papo com você. E Ele sabe que você está bem triste. Deixe Ele te abraçar. Deixe Deus se reaproximar. Deixe que Ele renove seu desejo de vida.

É hora de fazer as pazes com você e Deus pode te ajudar com isso.

A vida precisa de renovação mais do que o guarda-roupa. É preciso aprender a editar os dias, fazer recortes no roteiro, fazer caber a paz, fazer caber novas emoções – que sejam risos ou lágrimas. Buscar cores novas, novos sabores, novas pessoas, novos lugares.

Re-co-me-çar.

Entender que positividade é respeitar os dias em que não se tem vontade de fazer festa. E arriscar o diferente, dar o próximo passo, seguir com chuva ou sol. Respirar.

O que a vida quer é que você suba, siga, se movimente. Se cure. Respire. Se ame. Se edite. Se leia mais. Se permita novos momentos, se arrisque em novos olhares em frente ao espelho. Admire seu sorriso. Cultive suas escolhas.

Páginas novas. Nada melhor do que cheiro de livro novo.

Que tudo de amor, paz e luz nos cerque! Que o bem prevaleça e que a fé permaneça inteira em nossos corações e pensamentos!

Quanto mais otimismo eu respirar, mais positividade vai circular!

Sejamos!

Tua bondade me desperta amor, Senhor! E quero cada vez mais ficar perto de Ti. Eu nada seria sem Tua paz. Me cerca com Tua luz e sabedoria para que eu não enfraqueça diante dos obstáculos. Amém!

Me cerco de energias calmas e boas!
Mando para o vento, para o espaço, para
o lado oposto ao meu gente que me
faz sentir entupida e enfraquecida.

Para dias turbulentos: sabedoria em
doses generosas. Oração. Amor. Verdade.
Perdão. Respeito e fé. O que prevalece
é o que deixamos no comando.

Você, que escolhe a suavidade para começar o dia, que responde com sorriso às adversidades e deixa as possibilidades caminharem junto com a esperança, que segue sem se deixar para depois, que arrisca o passo sem saber a dança e que carrega um desejo inabalável de fazer com que a positividade impere: fé em Deus! Você é o máximo e seu dia será melhor ainda!

Tome posse!

Que, além do desejo, você alcance! Que, além da palavra, você sinta! Que, além de enxergar, você veja! Que, além de amar, você divida! Para hoje: amor e realização! Fé alimentada é sabedoria garantida!

Em caso de queda: se reerguer. Nada de exigir felicidade a cada minuto, mas ser feliz quando der. O que importa é estar em paz, porque o que vale a poesia é sorrir sem motivos. É inventar mil e uma razões para seguir. E, de fato, seguir! Mesmo que seja necessário vencer monstros pelos caminhos.

Para que o dia ganhe a luz e as cores que merece, mantenha o foco na leveza. Pense no sorriso das crianças e não no desespero dos adultos. Pense nos próximos passos e jamais deixe te acompanhar quem põe prazo de validade na esperança.

Então faça assim: afaste o mal que cerca esse seu olhar e te impede de sorrir. Deixe que o amor, a paz e a serenidade te acompanhem todos os dias; que o bem te alcance e que a fé te torne (ainda mais) persistente! E que assim seja!

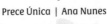

Aprenda a dar importância para o que acrescenta positividade e a relevar o que te impede os sonhos e sorrisos!
Filtre o que diz e o que ouve!

Quando acreditar que algo ou alguém te faz mal, sente inveja de você, atrasa seus dias, se afaste. Não viva remoendo isso, te atrasa. Pra que ficar lembrando ou falando de alguém que não te traz bem algum? Apenas siga seu caminho. Não absorva nada que não te acrescenta.

Para hoje, coragem! Aquele sorriso sincero, aquele desejo de amor, aquela satisfação no olhar, aquela força e aquela sabedoria para continuar!

Somos condutores de energia. Se desejamos o bem, o bem vem. Se espalhamos amor, o amor fica. Se sorrimos, sorrisos recebemos. Pode demorar. Pode não ser sempre. Mas se tem uma coisa que a vida faz é ser grata, desde que sejamos com ela. Se tem uma coisa que o Universo faz é ser justo, desde que sejamos com nosso próximo.

As coisas acontecem. A bondade existe. O amor vence. E toda positividade precisa circular. Espalhe.

Tente ser melhor! Mesmo que demore, mesmo que não pareça, calma! Você está tentando, eu estou tentando e tentativa é parte de um processo (processos precisam de organização, de passo a passo, de um dia após o outro, de uma coisa de cada vez). Respeite seu próprio tempo!

Que tenhamos sabedoria para lidar com
o que nos tira o sossego dos momentos!

Acredite no poder do amor, no poder da renovação e, principalmente, no poder da fé! Você vai superar os momentos de desânimo!

Reconheça a importância do perdão, perdoe, mas não se obrigue a viver de fachada. Torça pela felicidade de todos, deseje o bem, mas se limite a responder com educação às solicitações que determinadas pessoas fazem. Perdoe, se respeite e se permita dentro daquilo de que dá conta.

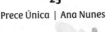

Ninguém é uma coisa só.

Essa é uma frase que tem feito parte dos meus dias.

Ninguém. É. Uma. Coisa. Só.

Somos o que o momento exige, o que a vida exige, nos comportamos dependendo de como a vida bate, de como os dias passam.

Alguns dias são de sol, outros de chuva. Em alguns dias mais doçura, em outros mais aspereza. Dias de emoção, dias de razão. Tem aqueles dias de organizar os dias, dia de começar dieta, dia de comer sem regras, dia de desordem, dia de preguiça.

Somos uma construção, sempre precisando de reparos. Trocamos os móveis de lugar, penduramos quadro, a lâmpada queima e precisa ser trocada, decoramos com plantas, almofadas, poltronas, porta-retratos, e assim fazemos com nossos dias.

Assistimos a filmes, novelas, séries, jornais. Ouvimos músicas. Lemos livros. Conhecemos pessoas, nos doamos mais pra algumas relações do que pra outras.

≫→

Rompemos laços, criamos novos. Cortamos os cabelos, deixamos crescer.

Sorrimos. Choramos. Caímos. Nos levantamos. É uma ciranda essa vida. E ninguém é uma coisa só nela.

Somos mistura de quem passa por nós. Mistura de sentimentos, mistura de ideais, mistura de sonhos, mistura de possibilidades. Somos medo e certezas.

Às vezes não somos nada, até que o tudo nos toma.

Ainda bem, ainda bem e ainda bem que ninguém é uma coisa só.

Invista nos melhores sorrisos, nos abraços mais apertados, nos olhares mais sinceros, na presença de corpo e alma.

Que o amor, em todas as suas formas,
se faça presente em suas horas!

Sou positiva. Penso positivo. Acredito que o melhor acontece. Acredito que o que é bom chega. Eu sei que o melhor virá, e virá em dobro! Paciência e sabedoria são as palavras-chaves para o tempo fluir naturalmente.

Fé na vida. Fé pra todos os momentos do dia.

Agradeça pelo ar que respira, pela oportunidade diária de enxergar as cores e de sentir o cheiro da vida. Torça pelo bem do outro. Peça pela saúde de todos e ofereça ajuda a qualquer um.

Às vezes, pra ser feliz é preciso renúncia. Hoje eu aprendi a renunciar. Aprendi a me afastar. Com muita dor, muita saudade, eu fui. Felicidade tem que ser sincera, não fachada. E é tão difícil ser inteiro nos dias de hoje. Eu sei que o tempo passa e as coisas se ajeitam, e é exatamente nisso que quero acreditar.

O tempo vai passar. A saudade vai dar aquela sufocada vez ou outra, mas eu vou seguir. Eu não vou parar.

Que essa renúncia me faça crescer e aprender a ser ainda mais forte!

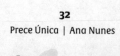

Pra hoje, bem-me-quer e amor-perfeito.
Verdades e desejos. Gentileza e respeito.

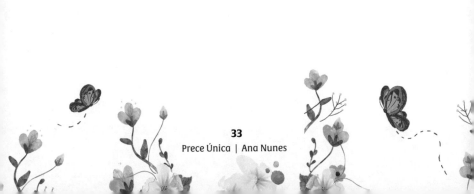

Intensifique suas orações e faça bom uso da sua fé. A ação joga a favor do bem e da solidariedade!

Eu sempre acreditei que coisas boas são providenciadas pelo vento. E sempre tive muito receio de falar em destino. A vida em si é providencial. Os obstáculos: impulso. As perdas: molas propulsoras. E o sorriso: refúgio e razão.

Eu sempre acreditei que coisas boas vinham com o tempo, mas sempre tive muito medo do começo de alguma estação. A vida é louca, não curta. O sol vem, a lua surge, a chuva enfrenta casas, árvores e enche as ruas. As folhas caem, se renovam. O vento as carrega pra algum lugar e você não as cata, fazendo com que se espalhem cada vez mais.

Nem sempre acreditei que coisas boas acontecem. E, assim como as plantas, me deixei renovar: troquei a folhagem e ganhei nova cor. Aquelas folhas secas não serviam nem pra adubo, finalmente as catei.

Provei pra mim que coisas boas acontecem. E sou eu quem ajuda a vida a providenciá-las.

Agradeça a Deus e peça proteção. Quando se é bom, muitos olhos maus vigiam. Tem que cuidar do coração, da alma, do lar, dos seus. Ter sabedoria pra lidar com situações difíceis e amor pra dedicar a toda e qualquer pessoa que esteja perto, mesmo aquelas que não sabem absolutamente nada a respeito disso. Apenas seja e faça o bem. Ore e vigie. Se proteja e se guarde. O mal não tem cara e é sorrateiro. Tome posse do que é seu e divida sempre o melhor que tiver.

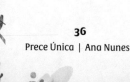

Decidi espantar a tristeza e cuidar do meu sorriso. Apostei em cores vivas e me estampei de sonhos. Driblei caras amarradas e pulei mágoas. Desejei amanhecer e me agarrei à esperança. Parei de ouvir rumores e me concentrei no som do silêncio. Sorri pro acaso e me deparei com boas surpresas.

Sem doenças. Sem pelejas. Sem picuinhas. Sem ameaças. Sem melancolia. Sem arrependimento tardio. Só desejos felizes.

Porque o que existe no mundo e me faz sentir paz, eu aceito!

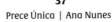

Bons pensamentos atraem
acontecimentos magníficos.

Reclame menos. Compre algumas roupas. Esvazie o guarda-roupa. Doe o que não te serve mais. Limpe as janelas. Pratique gentilezas. Sorria escandalosamente. Grite pra algum conhecido na rua vez ou outra. Coma doce até ficar com dor de barriga. Re-la-xe! Coloque os pés pra cima. Se dê minutos de conforto. Invente coreografias estranhas. Dance sem música. Solte os cabelos. Corra na chuva. Se deite na grama. Olhe para o céu, admire seu azul. Visite a lua. Beije. Abrace. Reclame menos, assim terá mais tempo pra sorrir!

Seja feliz de segunda a segunda. Agradeça. Encontre os motivos com que a vida te presenteia, a cada minuto, pra não desistir! Não desista. Não pare. Não se canse.

Dance. Sorria. Cante. Leia. Silencie.

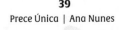

Que permaneçam o amor, os sonhos, a determinação, a sabedoria, a paciência, a humildade e tudo o que trouxer luz pra alma!

As pessoas querem por perto quem está bem. Elas não querem saber das suas lutas, querem saber dos seus motivos pra sorrir, jamais dos seus motivos pra lutar. Ninguém quer saber daquilo com o que você pena. Tenha um emprego, uma casa, um sorriso de satisfação no rosto e seus dias estarão cheios de "amigos". Adoeça, precise de alguma ajuda, de alguma palavra, de algum conforto e seu ninho ficará absolutamente vazio.

A verdade é que, nesse mundo, todos estamos sozinhos. É na luta, nos dias cinzas, nos momentos de sofreguidão que reconhecemos quem não está só pra festa. Ninguém quer saber das suas lamentações, mas todos querem saber quando será o próximo brinde.

Ore e vigie em silêncio, confie em Deus, que Ele nunca te abandona. Apenas cuide do seu coração.

Que o dia seja de desafios, que você dê conta de superar e aprender com cada um deles. Se pensar no aprendizado ao invés de pensar na vitória, o tempo passa leve e o que é positivo fica. Sempre tem algo de positivo pra se extrair dos momentos, mesmo os de aflição.

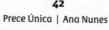

Admita as falhas e faltas que tem. Se assuma, se aceite e faça um movimento intenso para que tudo se encaixe e caiba da maneira mais saudável possível!

Bonito é sorrir pro invisível e driblar o pessimismo! Bonito é ter coragem e arriscar um refrão que traga rima e cor ao dia! Bonito é ser feliz e acreditar que a sorte é você quem traz! Bonito é aceitar, é permitir, é respeitar, é voltar atrás quando preciso, é se calar. Bonito é ser de verdade, não viver de metades e acreditar que o melhor vem!

Bonita é essa sua crença no outro, essa sua crença no mundo, essa sua fé no amanhã!

Bonito é quando você veste esse sorriso e se mantém forte e sábio esperando o próximo obstáculo vir!

Arrisque a prosa, o passo e o sentimento! Espante o medo e saiba deixar o coração comandar!

Quando findarem seus sonhos e aquelas suas verdades deixarem de permanecer; quando o choro insistir em ser e a fé se perder no meio do seu caos; quando nada mais encontrar lugar e sua paciência esgotar a segurança que você sempre preservou: ore. Silencie todos os gritos internos, apague a luz dos medos, deixe de lado a falta de sentido que os dias difíceis te trouxeram e tire das costas o peso que veio junto. Ore.

Acalme seu coração e confie que um melhor caminho se apresentará pra te fazer sorrir e se renovar.

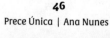

Bonito mesmo é não parar nunca.
Bonito é reagir! A vida nos põe à prova
e a única coisa que ela exige de nós é
coragem pra não deixar de sorrir! Siga!

Que seu coração receba o alívio necessário pra iniciar o dia. Se precisar de sorrisos: sorria. Se precisar de lágrimas: chore! Não dá pra ser feliz sempre e é importante chorar.

Que você entenda, perceba e aceite que é humano, com falhas, faltas, defeitos, desejos, sonhos, planos pela metade e está com mania de super-herói. Vez ou outra é preciso deixar de lado sua capa, seus superpoderes, sua adivinhabilidade, sua máscara sorridente e deixar a lágrima cair. Sem culpa, sem hora pra acabar.

Não sei quem foi que te disse que você não poderia chorar, que não poderia sofrer, que não poderia errar. Não sei de onde você tirou essa ideia prematura e vaga da perfeição e da felicidade. Não sei quem foi que te fez criar essa falsa armadura de aço, que só te faz ser mais metade do que já é.

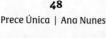

Reserve um dia pra chorar, pra tirar essa armadilha disfarçada de armadura. Reserve um dia pra você, assim como faz com o parque, com o cinema, com a cerveja. Chore por aquilo que não deu, pelo horário perdido, pela conta em atraso, pelo abraço de despedida, pelo beijo não dado, pelo coração partido, por toda e qualquer desilusão que tenha vivido. Chore por alguma culpa, por toda e qualquer luta, vencida ou não. E chore pelo tempo desperdiçado tentando ser feliz demais, ser melhor em tudo, ser o mais forte. Chore.

Arranque do peito essas dores endurecidas e entenda por que elas te machucam: não foram verdadeiramente sentidas.

Eu acredito que o melhor sempre acontece. Então me inundo de fé. E espero. Sem ansiedade, sem expectativas. Apenas espero. Com muita paz em minhas horas e muito amor em meu coração. Assim seja!

Nós sempre pensamos não ter nada. Esse nosso "nada" pode ser um recheio saboroso para a inveja se aproximar e vigiar, algumas vezes ela vigia mais do que nós. Então ore mais. Coloque nas mãos de Deus suas aflições e agradeça pelas suas vitórias. Agradeça pelo despertar e não desanime diante de obstáculos, se fortaleça quando o caminho parecer difícil e alguma tempestade cair sobre seus sonhos. Ore para não desistir. É com oração que o sonho se realiza, que alcançamos nossos desejos afetivos e materiais. Na oração nos fortalecemos, nos protegemos, nos encontramos. Deus não fecha portas para ninguém, Ele abre as melhores. Confie.

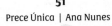

Se for pra deixar, deixe o seu melhor. Descarte o que te faz sorrir pouco e abrace o que te traz escolha.

Se for pra ficar, fique com a alma. Deixe toda sua leveza na ponta da língua e dance palavras doces pelo dia afora e pela vida adentro (se possível, dance por horas).

A paciência caminha com a sabedoria. São aliadas em todas as situações. Respire fundo quando algo te afligir e procure se acalmar.

Escolhas saudáveis geralmente acontecem quando agimos sabiamente.

Guarde suas explosões para quando for abraçar apertado alguém. Exploda de amor e de um pouco de saudade.

Que todos os seus sonhos te alcancem, que eles não adormeçam, que você não se canse, que não perca a esperança. Tudo pode melhorar! Confie! Espere! O melhor acontece!

Vamos pausar. Parar mesmo. Prestar atenção em nada. Abraçar o silêncio. Deixar pra lá o celular. Olhar para o lado ou fechar os olhos. Pausa. Pause. O mundo não para, mas você pode pausar. Pairar. Não pensar. Não ouvir. Não falar. Sinta. Se sinta. Se ouça. Se olhe. Se enxergue. Se veja e se mostre. Busque. Cante. Caiba. Permita. Chegue e fique: em você e no mundo: sem wi-fi: sem celular. Seja.

Concentre seus pensamentos em acontecimentos bons. Luz atrai luz. Positividade atrai milagres.

Apesar dos pesares, segue. Sacode a poeira da roupa, dos dias, da alma, e bola pra frente. Às vezes os dias são mais cinzas que de sol e não dá mesmo pra sorrir sempre. E, com sorriso ou não, você vai. Tira força da esperança que tem de dias melhores, da fé no amanhã e dos tropeços que te colocam pra frente.

Eu entendo e sei que são muitas provações. Mas não é pra desanimar. Você ora tanto, pede tanto a proteção divina, mas é preciso mais que fé. É preciso sabedoria e paciência pra suportar os obstáculos do caminho.

Não se entupa de reclamações para além das orações. Mantenha-se firme em seus propósitos, nenhuma tempestade dura pra sempre.

Desapegar: deixar de pegar. Não mais tocar. Não mais ter. Não mais ver, talvez. Não querer sentir... O desapego é uma demanda interna e difícil. É a arte de deixar ir pra poder ser.

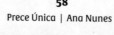

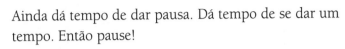

Ainda dá tempo de dar pausa. Dá tempo de se dar um tempo. Então pause!

Pause naquela lembrança mais feliz; naquela risada mais gostosa; no sorriso mais sincero; naquele olhar mais acolhedor; no coração acelerado de euforia!

Pause em você, nas suas melhores escolhas e nos seus melhores momentos. Pause nas conquistas e nos dias azuis.

Pause e respire. Deixe aquela lágrima rolar, deixe aquela saudade bater, deixe o silêncio acontecer.

Respire. Aperte o play e se prepare pra permitir tudo o que deixou pra depois, tudo o que deixou de fazer, tudo o que ficou pra sonhar mais tarde.

Aperte o play e creia! Aconteça! Novos dias virão, novos momentos, novas alegrias e tristezas também. Sacode a poeira do agora e firma o sorriso pra uma nova etapa começar.

Seja feliz todos os dias, todos eles são novos e sensacionais. Já apertei o play, te convido a viver também!

**A vida precisa de sonho, de
fé, de amor e de AÇÃO!**

Eu desejo, pra hoje e pra sempre, coragem. Desejo que você reaja. Que enfrente os medos e não se perca com os pequenos (ou gigantes) desafios diários. Que a verdade se mostre e te ajude a seguir. Que o amor prevaleça e te acompanhe. Que, de agora em diante, suas expectativas se transformem em abraços, e que seus sorrisos sejam reais (chega de mentiras ou metades).

Aprenda a focar na sua própria
felicidade e ela permanecerá!

O bem é uma corrente que não se rompe. Tem alguma dúvida? Não tenha. Ela não se rompe! Há uma energia invisível que paira no Universo e ela chega até você todos os dias (está em você, na realidade), como um amuleto que carregamos ou uma tornozeleira invisível e enorme que alcança outras milhares de pessoas.

Preste muita atenção nos dias em que você não acordar muito bem (espero que sejam poucos!), o Universo se encarrega de mostrar que o amor ainda existe. E Ele faz isso de uma maneira bem simples. Pessoas sorrindo, crianças nascendo, brincando, correndo, flores desabrochando, pássaros voando. Um "bom dia!", "obrigado", "licença", "por favor", "tudo bem?", "me desculpe", e por aí vai. Não existiriam mais estações do ano, sorrisos ou flores se o bem se fosse, se a corrente se rompesse, pense bem!

O bem é o maior tesouro da humanidade. Não pense você que sua conta bancária te salvará. O que salva é o amor.

Sempre digo que quando a pessoa é educada ela consegue tudo no mundo. E essa é uma das virtudes de quem não deixa de acreditar na corrente, no poder que ela tem.

Pratique o bem. Se fortaleça com o bem. O bem vem, sempre vem. E ele fica e vence. Pratique-o!

Pra começar qualquer dia: paz!

Não é receita, não é conselho:
é desejo de vida!

Nos momentos de dificuldade, aborrecimentos são constantes, como provações. Então ore, ore muito. Ore mais. Afaste pensamentos ruins. Ore muito por tudo. Agradeça também.

Deus age em silêncio. Tenho fé nisso. Quando menos se espera, um milagre em forma de surpresa, coincidência ou acaso acontece.

Você vence todos os dias. Quando não desiste, você vence. Quando se levanta e segue, você vence.

Você é um exemplo de amor, fé e perseverança. Deus não desistiu de você, Ele nunca desistirá. Então não desanime, não se deixe abater. Quando perceber um fiapo de desânimo, procure forças em algo simples. Deus está na simplicidade das coisas e dos acontecimentos, é assim que Ele chega até nós. Apenas não deixe de crer e ore.

Desarma e ama.

Seu tempo é tão precioso, não o perca com assuntos que não combinam com você. Assim como algumas pessoas não acrescentam, alguns assuntos nem deveriam começar.

Quando algo te incomodar, desconsidere e invista seu tempo em orações, afaste seus pensamentos do que te traz algum mal ou te faz entristecer. Delete comentários maldosos da memória e se distancie.

Peça proteção para o que você não vê, mas sente; para o que te alcança e não te faz bem; para o que te pesa os ombros e te atrasa os dias.

Reserve seu tempo para agradecer. Dias difíceis existem, mas os sorrisos se transformam em presente quando você permite.

Abstraia toda e qualquer negatividade e seja feliz.

A vida não anda nada fácil, né? Tá pesado, tá puxado. O cansaço às vezes faz a paciência desaparecer, e as cobranças (próprias e de terceiros) só aumentam. Não reclamar passa a ser impossível e nem de chorar dá tempo.

Respirar dói. Acordar dói. Pensar dói. As horas se arrastam e no final do dia você só quer saber como sobreviveu. Retórica pura.

Mas não se entregue. Não se deixe entupir de negatividade. Não se deixe afetar tanto. Não respingue seus males em outras pessoas.

Fica bem com você. Fica de bem com o tempo. Respira fundo. Cata esse resto de paciência pra acabar a caminhada. Tá doído, tá difícil, mas sem você vai ficar sem graça, sem cor, impossível.

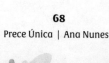

A vida é a própria manifestação
da existência de Deus.

A gente vai levando do jeito que dá. Tropeça em alguns sonhos que ficaram no caminho, cata outros pra tentar acertar neles mais uma vez. E leva. Toca a vida como dá, aperta de um lado, afrouxa do outro. Se vira. Se desdobra. Se desgasta. Chora escondido na hora do banho e faz de conta que foi o shampoo. Deita depois do almoço com a desculpa de sono, mas é falta de força. E vai tapeando um problema aqui, outro ali. Vai mascarando a falta de sono, o rasgão no peito, as lágrimas contidas, a vontade de sumir.

Tem dia que é fácil. Tem dia que é louco. Tem dia que a gente parece nem existir. Mas a gente tá aí, na luta, na lida, na lua, cortando um dobrado pra sobreviver, mesmo sem viver.

Eu vejo melodias em você. Vejo passos de dança. E vejo levezas também! Daí, te desejo sorte e flores. Te desejo amor e sonhos.

Seja feliz e admire as cores do dia sempre.

Não é hora de deixar o medo tomar conta, mas ele vem. Não é hora de se desesperar, mas o desespero chega e a esperança fica por um fio. Não é hora de desanimar, mas sinto minhas forças chegando ao fim.

Quando isso acontece, quando me sinto no limite, quando até respirar dói, fecho meus olhos e peço, em oração, que um abraço venha dos céus. E sou atendida.

Nos momentos difíceis me mantenho ainda mais perto de Deus, e sinto Sua presença aliviando minhas dores, acalmando meu choro, transformando em coragem o que me tira a paz. Às vezes esquecemos de ligar esse wi-fi.

Que seu coração encontre o caminho da verdade e te afaste do que não valer o sonho.

Eu acredito que dentro de cada um de nós habita um deus e que cruzes são distribuídas ao longo da vida. Nada nos é dado em vão. Um bem maior sempre vem após uma batalha intensa.

Deus é maravilhoso até quando pensamos – por egoísmo – que Ele esqueceu de olhar por nós. O que Ele prepara é tão verdadeiro e simples que deixamos passar despercebido.

É importante estar atento aos sinais. Ouvir. Sentir. Deus diz "não" preparando um sim. E o melhor vem. Virá! É preciso aprender a não reclamar para tomar posse.

Quando nosso coração está inquieto, Deus sopra uma oração de esperança e paz em nossos ouvidos. Somente Ele é capaz de aliviar nossas aflições e de conhecer, com verdade, nossos sentimentos e faltas.

Vamos aprender com o silêncio, para ouvir e sentir o sopro abençoado do Senhor. Vamos deixar que suas mãos operem milagres em nossas vidas, sabendo que, para isso, é preciso paciência, sabedoria e fé.

Evolução é não reclamar.

É perceber que algo não está errado por estar difícil.

Às vezes a tempestade traz o desabrochar de uma flor.

Tem que ter fé na vida. Tem que ter fé nos dias.

Aquele fio de esperança não se rompe quando você acredita. Eu creio.

Enquanto tudo estava complicado, ruim, pesado, minhas flores permaneceram intactas.

A todo tempo Deus nos diz e nos mostra. Ele nos pede, num silêncio majestoso: *Cara, te acalma aí*. Tá chovendo pra brotar. Lembra daquela semente que você plantou? Essa tempestade é pra que ela vingue.

"É preciso chuva para florir."

Sou grata. Estou grata.

Pedi a Deus uma trégua e Ele me mostrou o caminho da paciência.

Fé, minha gente! Fé pra seguir. Fé pra sorrir. Fé pra vencer. Fé pra dar pé.

Não questione minha ausência se ela também for sua. Sempre seremos dois pontos no Universo e a distância entre nós é a mesma. Escolha se vem ou se me culpa.

Senhor, olha por nós e por nossa família. Cuida dos nossos passos e guia nosso caminho. Ilumina nossa vida e vigia nossa saúde.

Abençoa a saúde dos nossos familiares. Derrama Tua bênção e misericórdia em nós. Perdoa nossas faltas e nos ensina a sermos melhores.

Cuida das feridas da nossa alma e cicatriza as dores inevitáveis e diárias.

Acalma nossos corações e faz repousar nossa pressa.

Mostra-nos a importância do silêncio e do perdão. Não soltes as nossas mãos. Preenche nossos vazios e nos enche da Tua bondade.

Nos ensina do Teu amor e da Tua gratidão.

Amém!

Talvez eu espere muito das pessoas. Que elas ajam diferente, que se doem mais, que sejam melhores após um erro, um tombo, uma palavra dita em hora imprópria.

E, nessa espera, me incluo. Espero que eu melhore após uma decepção, que eu seja boa com o próximo, que eu seja paciente, que eu não leve tudo tão a sério, que eu releve mais, que filtre melhor minhas palavras e ações. Que não me decepcione tanto. Que não deixe de sonhar. Que minhas expectativas se renovem. Que eu planeje e arrisque. Que eu saiba que pra tudo existe o momento certo, e que as coisas fluem. Que o relógio já funciona como tem que funcionar.

Não se apresse tanto, mas não se demore também.

O mundo precisa de amor. As pessoas precisam de chance.

Que todo aprendizado seja bem-vindo, que toda alegria seja compartilhada, que todos os planos sejam realizados, que todo esforço seja reconhecido, que toda dor seja recolhida, que todo amor seja recíproco e que você seja de verdade.

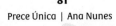

Não é justo economizar amor, sabe? Por piores que tenham sido as dores que você já sentiu, por maior que tenha sido a desilusão que você viveu.

Mesmo que não tenha sol, saia. Mesmo que não tenha chuva, se esparrame no sofá. Mesmo sem romance, sem aquele olhar, sem aquele cheiro, sem aquele toque, mesmo que seja por nada, faça algo por você. Não economize no que é bom pra se sentir bem.

Faça por você agora pra amanhã não ser tarde, pra você não passar em branco na sua própria história.

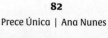

Bem me quero, bem me faço.

Bem te quero, paz te trago.

Deixe de lado a insegurança que assombra e o medo que rodeia, arrisque o verso e se blinde com sorrisos pra que nenhum mal te alcance!

Os jardins são a prova viva de que
um recomeço é possível.

É preciso cuidado com quem permitimos que partilhe dos nossos momentos, beba da nossa água, coma do nosso prato, ande pelos cômodos da nossa casa.

É preciso cuidado com quem entra e finge sair. Com quem se infiltra em nossos assuntos feito raiz de erva ruim. Com quem sorri pra você e faz cochichos maldosos sobre sua vida pelas costas.

É preciso cuidado. Muito cuidado.

Viver nesse ninho de cobras não é coisa fácil de se fazer.

Sonhos acontecem. E eu boto a maior fé em quem sonha, em quem acredita que as coisas se encaixam, em quem olha pro mundo com um sorriso franco no rosto e espera abraços apertados das possibilidades.

Eu sonho tanto! E nem ligo pra o que pensam desse meu jeito inteiro de ser! Eu sinto! Eu amo! Eu sonho e o Universo transforma!

Amém!

Mude o foco. Vire a página. Às vezes o medo trava a história, faz com que as palavras desapareçam e o caminho fique mais longo.

Então não desanime na primeira tentativa. Mas não deixe de tentar. A felicidade é para todos que escolhem tê-la. Então escolha. Se permita sorrisos diários. Busque o lado bom das coisas. E siga. Vença os obstáculos. Não dá pra escapar deles. A vida nos põe mesmo a prova. E não temos que provar nada pra ninguém. Temos é que desejar o melhor sempre. Comece se desejando o melhor. Agradeça por tudo o que tem e por tudo aquilo que sabe que vai conquistar. Não tenha medo do novo. Não tenha medo de nada! Caminhe na direção da luz. Mas saiba que não é sempre que ela vem de fora pra dentro.

Reclame menos, acredite mais nas possibilidades e no que é capaz. Chegamos exatamente onde queremos estar. Algumas pessoas escolhem voar.

Eu escolhi sorrir, mesmo diante de tanta adversidade.

Que tal dar espaço pro que realmente importa?

Aproveite seu tempo, seu dia, suas horas vagas e SE questione. Questione suas atitudes, pare de perder tempo lamentando a falta de alguém, pensando no que o outro fez ou deixou de fazer; na resposta não dada; na falta de troca; no silêncio. Silencie e olhe pra dentro de você. Como andam as coisas por aí? Talvez esteja, ou até seja uma bagunça, já parou pra pensar?

Você se ouve com que frequência? Escuta suas histórias? Sabe quais são suas verdades e quais são suas mentiras? Tire um tempo pra você. Avalie suas prioridades, suas faltas, seus excessos.

É tão bom quando as pessoas se amam antes de dedicar um amor exagerado a alguém. Dedicação demais pra mim tem outro nome: falta de amor-próprio. Não vou falar sobre a necessidade de estar tão em evidência na vida do outro e esquecer de se priorizar.

Eu não consigo render assunto com gente que se sabota, que mente, que sabota as realizações e desejos do outro e acredita que as coisas só acontecem e/ou dão certo se ela estiver no centro da organização. Penso que, se alguém chega num ponto da vida em que não percebe as mentiras que conta, é hora de buscar ajuda terapêutica, espiritual, qualquer coisa, mas ficar parado inventando motivos que justifiquem a ausência dessa ou daquela pessoa é que não pode. Pior ainda é se fazer de vítima.

Então, tire um tempo pra você. Cuide do seu coração. Cuide do seu próprio tempo. Procure o significado de algumas palavras como: empatia, solidão, resiliência, autoconfiança, autoestima, inveja, mentira e verdade.

Se encontre no seu mundo e pare de tentar se significar no mundo de alguém. Viva sua própria vida, tenha suas próprias escolhas, responsabilidades e realizações.

> Lembre-se sempre: é a sua fé que te faz seguir. É o seu amor-próprio que te fará acreditar. É o dia após o outro que te trará todas as respostas e certezas.

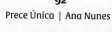

Cuidado com extremos, não se permita muito choro e nem muito riso. Todo excesso diz de uma falta. Deixe a alegria te invadir quando ela chegar e saiba lidar com a tristeza quando ela insistir.

Qualquer aperto no peito deve ser investigado. Qualquer silêncio súbito respeitado. Qualquer agitação acalmada. Tudo com tranquilidade. Sem exagero ou obsessão, busque o equilíbrio. Sem exigência ou regra, busque a paz em você.

Não se esforce tanto pra ser melhor, mas dê o seu melhor naquilo que fizer.

Observe sua respiração e aprenda com ela. Deposite paciência nas horas, confiança em seus passos. Existe um caminho que nos leva à sabedoria, e pra chegar até ele, é preciso cautela e amor-próprio.

Somos feitos de polaridades, se não fosse assim não teria motivo de haver sentimentos. Temos que sentir tudo da maneira que vier e aprender a lidar com o que vem.

Livra-nos, Senhor, de todos os abraços carregados de males, de toda inveja disfarçada de sorrisos. Dá-nos saúde, fé e sabedoria pra seguir sempre na Tua presença.

Metade pedra. Metade flor.

Algumas vezes o tempo faz rachaduras em nós, outras vezes ele rega o que está seco. E, como as estações, seguimos. E, como damos conta, tocamos os dias.

Tudo em nós é feito de metades. Tudo em nós murcha ou desabrocha. Uma hora dessas entendemos.

A gratidão é alimento pra alma, tenho pensado tanto nisso. Eu sou muito grata à vida, às minhas horas, aos meus momentos. E não são todos os momentos que trazem sorrisos, alguns momentos são de muita dor, de muita lágrima, de muita reflexão. Eu chamo de momentos de provação.

A vida é cheia de momentos assim, intensos, emocionantes, ricos. Não vejo as provações diárias como castigo (nem gosto de pensar nisso), mas como oportunidade de crescimento espiritual. Eu vejo por trás de toda dor um aprendizado. Aprendi a refletir ainda mais nos momentos de tristeza e, assim, os vivencio de maneira positiva. Sim! Há um lado bom e lindo nos dias cinzas. Há aconchego e paz nos dias chuvosos. Apenas agradeça.

A gratidão é a palavra-chave pra tudo acontecer. Ela vem acompanhada de amor, perseverança, esperança, paciência e luz. Sem contar que o Universo conspira a favor de quem é grato a todo e qualquer acontecimento.

Por agora (e que dure) que você se deixe
invadir pela positividade presente no dia,
mesmo que tudo tenha parecido um caos.

Qualquer um surta quando algo sai do eixo. A vida já é tão exigente, não sejamos. Essa permissão ao choro, à tristeza, ao grito, à loucura, à braveza são louváveis, na minha opinião. Vivemos um aprisionamento social dos sentimentos. Isso é tão perigoso.

Confundem choro e tristeza com fraqueza e incapacidade, quando é só nosso limite gritando e tentando nos fazer lembrar que não precisamos dar conta de tudo.

Mais amor pra sentir, mais amor pra ser, mais amor pra dividir, mais amor ao agir, mais amor pra viver.

Por você, investe no pensamento positivo, age com cautela e silêncio pra conseguir o que deseja!

Algumas vezes basta o próximo passo pro que é seu acontecer!

Sorriso no rosto e algumas certezas! Pegue toda a paz que você tem e deixe transbordar. Recolha suas escolhas esquecidas e avalie as possibilidades de colocá-las em prática. Aceite o que não der pra ser, pois algo melhor te surpreenderá!

Chega um momento em que você percebe que só deve ficar em sua vida quem acrescenta. E eu não quero pessoas escurecidas e assombradas ao meu lado. Quero que caminhe comigo apenas quem conhece a verdade e o amor-próprio. Não quero quem se deixa limitar pelo outro, quem se perde quando vê a luz, quem não se satisfaz com a imagem no espelho e quem confunde ciúme com competição.

Eu quero quem sonha, mas quero também quem age. Eu decidi que não quero por perto quem faz falsas insinuações a respeito de quem eu amo. E decidi deixar de amar pessoas desse tipo.

Me afasto, por tempo indeterminado, de quem se limita à opinião alheia. De quem se priva do que traz felicidade e confunde comodidade com amor e paz.

Que não fique por perto quem dá meio abraço e quem não consegue sorrir sem que alguém comece.

Senhor, agradeço por todas as mensagens diárias que me envias, a começar pelo meu despertar! Que eu continue sendo tocada pelo Seu amor, por Sua paz, graça e bondade a cada amanhecer.

Amém!

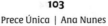

Intensifico minhas preces nesse momento, pra que minha fé não se abale, pra que o medo não tome conta dos meus momentos, pra que eu me mantenha firme em minhas decisões.

A vida é muito frágil e somos tão poucos. Tão pequenos. Não temos certeza de nada, só da morte. E ela vem mansa e rápida.

Vamos abraçar mais. Vamos perdoar. Vamos amar. Vamos praticar solidariedade. Vamos apostar na felicidade.

Mais amor, por favor! Fé em Deus. Fé em você. Fé na vida!

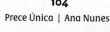

Ninguém precisa saber o quanto fui triste. Nem eu preciso me lembrar se o passado teve cores ou não. Os sorrisos de hoje valem toda minha poesia e um pouco mais. Quando faltam cores eu sobrevivo bem com o azul do céu e as outras cores que o dia tem.

Tem gente que devolve a gente pra gente.

Que os corações se acalmem mesmo diante de tantas injustiças e barbaridades. Que a fé não enfraqueça quando o corpo estiver cansado. Que orações alcancem e confortem almas entristecidas e que o amor, presente nelas, faça com que a solidão deixe de existir (e a maldade também).

A ingratidão tem um gosto amargo e é corrosiva. Aprenda a dizer não pra não experimentar seu amargor. Nem todo mundo merece seu sim e seu sorriso. Algumas pessoas não merecem nada de ninguém, precisam aprender a conviver e a viver em grupo.

Ninguém precisa sorrir sempre, ser feliz sempre, ser agradável com todos. Mas educação é diferente de falsidade, e tristeza é diferente de cara amarrada.

Saber reconhecer quando alguém te oferece ajuda e saber agradecer a ajuda dada é primordial. E esse tipo de gente ingrata que você tem ajudado não sabe reconhecer absolutamente nada! E sabe o que esse tipo vai fazer quando não precisar mais de você? Vai escarrar coisas horríveis a seu respeito. E você vai sentir o gosto que a ingratidão tem.

Estou aprendendo a dizer sim pra quem se importa com ele e me cativa a cada dia.

Que o amor faça morada em minha alma.

Que quem chegar ofereça paz!

O que mais temos são pessoas pra nos apontar defeitos. Uma hora ou outra a vida nos obriga a aceitar. É o que você quer?

É importante manter um equilíbrio entre o não e o sim, o bem e o mal, a certeza e o talvez. Mais importante ainda é reconhecer que se pode ser melhor e capaz. Todos temos limitações, ainda bem! Em contrapartida, temos mil e uma potencialidades e são elas que nos fazem reagir, buscar o melhor e despertar a cada dia com garra, esperança e sorriso.

Acredite em você, em suas qualidades e enxergue seu diferencial no mundo!

Que seus sonhos te abracem. Que seus desejos não se tornem desertos. Que o azul do céu te acaricie a alma. Que sorrisos apareçam e fiquem.

Se eu pudesse te dar um conselho, diria: fica firme. Acredita no poder do tempo, acredita que dias de luz existem.

Se concentre na positividade e não espere tanto dos outros. Não reclame do que não fazem por você, pense se não está sendo exigente demais ou até agindo com ingratidão ao não perceber que tentam te ajudar como podem.

As atitudes das pessoas dizem muito sobre elas, essa é uma verdade imutável, mas a maneira como você se porta diante de tais situações é que muda tudo.

Você não está só nesse mundo e não é a única pessoa com problemas. Cuide-se e vigie o egoísmo – ele habita em nós e precisamos domá-lo.

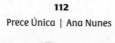

Se abrace e se deseje o melhor sempre!

Você não precisa disso. Não precisa de motim, complô, cúmplices, apelação, agressividade, dedos apontados na cara. Você não precisa de nada disso. Sabe de si e isso basta.

Levanta a cabeça e segue. Cada dia traz um aprendizado mais importante que o outro e a cada passo dado coisas novas chegam. O que não é bom não deve e nem pode te acompanhar. Nada de carregar pesos e pessoas que não baseiam a vida no amor, na compreensão e no perdão. Nada de lamentar por elas, cada um dá conta do que escolhe. E algumas pessoas precisam se defender atacando. Já percebeu como as coisas não caminham com positividade pra elas? Você quer uma vida baseada em intrigas ou em verdades? Você quer render assuntos que acrescentam sorrisos ou que desencadeiam raiva?

Você não precisa disso. Não precisa de nada disso. Escolha a leveza que a verdade chega. Não sofra por palavras ditas por alguém que mal sabe de si e só carrega dores.

Recíproco é colo, é abraço, é olho no olho, amor recebido e não cobrado.

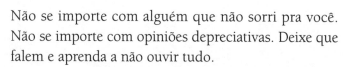

Não se importe com alguém que não sorri pra você. Não se importe com opiniões depreciativas. Deixe que falem e aprenda a não ouvir tudo.

Isso não é segredo, não é uma regra, não é uma determinação de conduta. É apenas um caminho que estou te apresentando. Há uma dose intensa de alívio quando se aprende a filtrar o que vem de fora, e trabalhar o que está dentro.

Esqueça o que sabe a seu próprio respeito, você não sabe nada! Esqueça o que já disseram a seu respeito – se você não se conhece, ninguém pode conhecer. Faça um exercício diário pra se ouvir. Esqueça o mundo lá fora. Esqueça o barulho da rua, esqueça seus barulhos. O silêncio esconde segredos e sonhos.

Reserve um tempo do seu dia e tente fazer algo diferente e inusitado.

Enxergue as pessoas à sua volta. Sorria pra elas. Observe o mundo como nunca antes. Procure conhecer o lado que nunca viu, procure explorar lugares aonde nunca foi.

Esse é um caminho. Talvez seja uma conduta, mas isso quem determina é você.

O que eu quero dizer, em resumo, é pra você se olhar mais, sabe? Se gostar mais e se importar menos com o outro lado da rua.

Não sofra. Respire. E siga.

Existe uma força que emana no Universo e faz com que nosso sorriso apareça, faz com que nossa mão se estenda, faz com que nosso abraço conforte, faz com que a saudade venha em forma de lágrima e faz com que o coração se acelere.

Tem gente que carrega um sorriso incrível nos olhos e uma verdade enorme também. E tem gente que se doa e se dói. Que não se importa se está dando mais do que recebendo, apenas faz e segue. Cultiva flores no jardim e as entrega pra alguém que julga especial. Mesmo que a pessoa a atire longe na primeira oportunidade.

Tem gente que conhece o amor e usa. Age com amor e transborda algumas palavras. Tem gente que sai com os bolsos carregados de sonhos pra distribuir, às vezes entrega alguns seus pra alguém e volta com bolsos vazios e ainda mais coragem.

Tem gente que tem a cor da coragem. Que usa e abusa do coração. Que faz tudo com gratidão e respeito. E alça voos diários sem perceber.

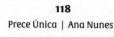

Sabia que o mundo te abraça apertado quando você sonha? Sabia que ele te abraça mais apertado ainda quando você alcança?

Pode ficar feliz. Pode sorrir mais. Seja palhaço. Venda paçocas. Pinte quadros. Escreva um livro. Roube flores. Fotografe uma criança sorrindo. Visite alguém enfermo. Cuide do outro sem alarde. O retorno vem, sempre vem.

Existe uma energia que emana no Universo e é você quem a faz circular com seu sorriso.

Que em nossos corações a paz faça morada e o amor prevaleça. Que o bem se instale em nossos momentos e que nossos sorrisos se multipliquem.

Assim seja!

Se tem uma coisa que faz bem pra gente é sorrir sem motivo, admirar a paisagem, contar estrelas, sonhar acordado; suspirar com um pensamento tão carregado de esperança que faz a pele arrepiar.

O que faz bem faz a gente seguir! Faz a fé dobrar. O que faz bem compensa o passo e a paz, a ação e o desejo, o amor e o perdão.

A fé é o que atrai a sorte e tudo de melhor que a vida tem!

Às vezes passamos tanto tempo buscando respostas e não paramos para sentir se elas chegaram. O silêncio foi minha resposta.

Existe um momento da vida em que se faz necessário alimentar os dias com paz. Já parou para pensar se você não está se perdendo em seus questionamentos e pressas?

Dei um tempo para mim. Fiquei em silêncio, ouvi o som que ele tem e calei meus barulhos internos. Como me fiz bem, como me fez bem, como me faz bem.

Acredito que há uma cura no silêncio e que é tão saudável quanto falar o que nos incomoda. O silêncio também me ensinou a dosar isso.

Recomendo.

Guarde as palavras incertas e
aprenda com o silêncio.

A sabedoria é melhor absorvida quando
você não diz tudo o que pensa.

Você conduz energia assim como recebe, mas pode ser que esqueça de trocar as lâmpadas do seu lar interior. Então não se demore onde você não consegue ser de verdade e não consegue transmitir o que de melhor tem. Não se demore onde não tem luz. Cada corpo abriga um ser, dentro de cada energia uma vibração única. Não é porque se é corpo que se é colo. Não é porque conduz energia que ela é positiva.

Desejo luz nos dias. Desejo amor e tranquilidade. Paz e bem. Sorte e realizações. Desejo vida e muitos sorrisos. Respira fundo e confia que vem.

Eu tenho esse desejo: descansar em vida. Não correr tanto pra que tudo fique perfeito, não correr tanto pra dar tempo, pra dar certo, pra ser boa o suficiente. Não correr tanto pra aprender mil coisas ao mesmo tempo. Não correr tanto pra me sentir útil. Não correr apenas. Viver. Sentir os dias. Aproveitar as horas. Aproveitar os momentos com tudo que eles podem me oferecer. Não fazer nada e ficar bem com isso.

Descansar. Não ouvir barulho. Não ter que estar atenta a tudo. Não ter que lembrar onde o assunto parou. Não ter que pensar o que falta na despensa. Não ter que saber onde está o cinto, o sapato, a chave do carro, o celular.

Descansar.

Não pensar. Só observar o nada ou me dedicar a alguma coisa que todas as obrigações anteriores me impedem de fazer.

Eu quero ser eu um dia. E quero que, depois disso, eu seja sempre.

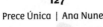

Quando você ora Deus te protege de tudo, lugares, desagrados, pessoas, negatividade. E assim tem sido, esse é o motivo da minha gratidão. Aceito a proteção e permaneço distante do que não traz paz.

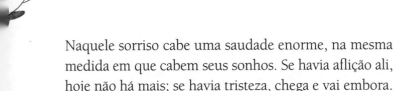

Naquele sorriso cabe uma saudade enorme, na mesma medida em que cabem seus sonhos. Se havia aflição ali, hoje não há mais; se havia tristeza, chega e vai embora.

Dentro daquele sorriso existe uma melodia dessas que abraça a gente quando a gente ouve. Se, por algum motivo, perde o compasso, reinventa o ritmo, muda o passo.

No meio daquele sorriso já existiu dor e ainda existem lágrimas, mas foi o amor que superou toda e qualquer adversidade. Não estou falando de par, de dois, mas estou falando de mãos dadas. Porque quando aquele sorriso aconteceu alguém se encontrou, se descobriu, alguém aprendeu a se amar.

Que uma corrente de amor e sabedoria envolva minhas horas. Que a coragem e o desejo de seguir levem embora todas as incertezas. Que a positividade marque presença. Que o tempo pra realizar se multiplique.

Assim seja!

Como o tempo é valioso, generoso e esclarecedor. Concorda?

Em caso negativo, convido a uma reflexão.

Pense em quantas pessoas estão em sua vida, quantas já passaram por ela, quantas participaram de momentos felizes, quantas te deram abrigo ou colo na dificuldade e na tristeza.

Se hoje você, por algum motivo, adoecesse, quem cuidaria de você? Quem se preocuparia em te visitar? Quem perguntaria como se sente?

Não faça listas. Não deduza. Isso será frustrante e dolorido.

Expectativa é coisa de gente corajosa e eu não me canso de quebrar a cara. Mas sem expectativas eu nem me levantaria da cama, nem tomaria banho, nem sairia de casa. Sem expectativas não vivemos. E eu tenho o péssimo hábito de criar e alimentar expectativas em gente. Eu espero o retorno silencioso do amor, da reciprocidade. Caio e me esfolo por dentro – outra vez.

O que eu aprendi esses dias foi a criar expectativas sem estabelecer critérios e listas com nome de gente. Nada com gente no meio!

Precisei me ausentar pra saber com quem contar realmente. Algumas pessoas te querem por perto por motivos tão egoístas que não notam quando você não está. A não ser que sua ausência as afete.

Sanguessugas também sorriem. Sanguessugas fingem muito bem. Falam até de amor, mas não sabem nem se amar.

Se cuide.

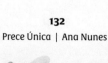

Não cause burburinho por pouco. Não negativize o que não é interessante pra você. Procure algo que te agrade e vá. Deixe quem quiser ficar.

Não mendigue atenção. As pessoas enxergam quem se cala também. Não é preciso gritar, não é preciso uma roupa exagerada, um jeito espalhafatoso, um choro forçado, muito menos uma risada gritada. O excesso é, no fundo, desesperador. E o desespero é tumultuosamente afastador. Abrace o silêncio sem dramas. Responda a quem fala com você com carinho. Não force a tristeza nem deixe a dor ficar. Dá pra saber a cor da sua alma olhando em seus olhos. Não abaixe a cabeça se eles estiverem, por algum motivo, escurecidos. Erga os olhos pras cores do dia e deixe sua alma se colorir. Seja feliz naturalmente. Não obrigue ninguém a dar conta do que não é alegre em você.

A felicidade começa quando você se enfeita de amor. E o amor parece ser a reunião de pensamentos bons que você cultiva.

Ficamos tão entulhados de sentimentos que não acrescentam e tão preocupados em acertar que esquecemos que a tentativa é a parte mais importante do caminho.

Faça uma faxina no seu coração.

O problema é o que falta e o que sobra. O que esclarece as coisas deveria estar em todas as paredes: pichado, grifado, em negrito, sombreado. O que justifica os meios deveria ser o resultado. E no resultado deveria haver uma dose extra de verdade e de positividade. E tudo tinha que ser natural, e não lei. Com exemplos escritos e desenhados em todos os livros. Para algumas pessoas, soletrado, pausado, pra que deem conta de entender.

Mas vai além disso, vai além de um dedo na cara. Falta olho no olho e sobra arrogância. Falta atitude na escolha e verdade nas palavras, eu mesma estou cheia de dívidas com inúmeras pessoas. Falta tempo e sobram atividades. Sobram mentiras e falta oração. Falta amor e sobra desejo. Faltam exemplos e sobra sermão.

Pra que tanta firmeza o tempo todo? Pra que segurar tanto choro?

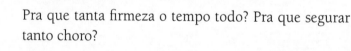

Não sei o que acontece com você, mas a falta de tempo e a velocidade das horas fazem com que eu me feche demais. Aí eu me falto e me sobro. Me abafo, me calo e não choro. Falta lágrima e sobra silêncio. Falta um tanto de mim nas coisas e o que sobra é um tanto-faz no mundo. O que tem que faltar tem de sobra, e o que tem que sobrar é o que mais falta.

Então, que falte briga. Que sobre abraço. Que falte discórdia. Que sobre diálogo. Que falte medo e sobre coragem. Que falte miséria e sobre compaixão. Que falte desprezo e sobre ternura. Que falte tristeza e sobre sorriso. Que faltem ausências e transborde amor. Que pra cada problema sobrem soluções. E que pra cada momento sobrem boas recordações.

Prece Única | Ana Nunes

Com o passar dos anos aprendi que existem formas mais leves de seguir a vida.

Não gosto de todas as pessoas com quem convivo, não concordo com todas as atitudes das pessoas de que gosto, mas aprendi algo fundamental. Aprendi a respeitar a maneira de cada uma delas e ficou tão mais fácil! Porque conviver é uma arte que depende não só de respeito, mas de paciência também. Com esse aprendizado adotei um exercício valioso, o de relevar. E eu me convido diariamente a ser leve, a própria palavra faz o convite: re-le-ve. Volte a ser leve. Aposte suas fichas na paz. Respeite. E você vai perceber que o amor vai chegar facilmente.

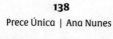

Que ninguém escureça meu dia hoje, nem esse céu nublado, nem pessoas tempestuosas. Que esse meu sorriso e essa minha fé continuem inteiros. Que todas as energias não boas evaporem antes de chegar até mim.

Amém!

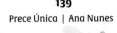

Tire essa armadura por agora e se deixe doer. Ninguém consegue ser fortaleza ou saco de pancadas a todo tempo, não se pode esquecer quão humano se é.

A gente se dói mesmo, enfraquece, chora, pensa em desistir, desanima. E busca forças, sabe-se lá onde, pra tentar outra vez.

E tem dia que não há palavra que faça você acreditar em dias melhores; não há açúcar que adoce o seu sorriso; não há nada que faça você acreditar que isso vai passar. Você simplesmente não vê solução.

Não gostaria que se sentisse responsável pelo que vive hoje. Algumas pessoas têm uma feia mania de usar a palavra *culpa* e falar em escolha de forma generalizada e leviana. Não estou falando que você tem razão ou não. Só gostaria que você não se cobrasse tanto a perfeição.

Deixe esse momento cinza acontecer, vê o que pode aprender com ele, do que e de quem precisa se aproximar e se afastar também.

O mundo cobra da gente uma posição e uma recuperação imediata pra tudo. Deixe o mundo pra lá.

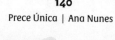

Veste seu melhor sorriso. Veste seu melhor desejo. Enfeita tudo com fé. Salpica um pouco de amor. E vai. Vai na frente. E sonha. Sonha muito. Agarra a coragem, esquece as desculpas e tenta. Arrisca o passo, o chute, aquele querer adormecido e faz um favor pra você: se movimenta!

Questione-se muito, preste atenção em tudo que vê e, principalmente, em tudo que ouve. Quando sentir medo, cale-se, afaste-se e siga seu caminho. Nem sempre é necessário falar o que se pensa e nem pra qualquer um – algumas pessoas não merecem seu tempo, que dirá suas palavras.

Já que a nova moda é falar sobre inveja e recalque num mundo de pessoas pseudofelizes, que imitam estilos, aparências, poses, net-vocabulário e tomam conta da vida virtual umas das outras, vigie-se ainda mais. Guarde sua alegria e seus desejos. Não espalhe com quem não sabe dividir.

Preocupe-se com sua vida, com o que sai de sua boca e com seus pensamentos. Assim terá menos tempo pra dar importância a quem, supostamente, te inveja, se incomoda com você e cuida da sua vida.

Ocupe-se com atividades interessantes para promover o seu crescimento pessoal, espiritual e profissional. E confie: os dias serão mais leves.

Que tudo que for bom e que for do
bem venha leve e transborde!

Eu vivo nessa minha bagunça porque o constante não me atrai! A felicidade não é absoluta. Desconheço o permanente. As oscilações estão cravadas em nós. O tempo oscila. As cores do dia também. Não se exija tanto equilíbrio. Deixe que as horas passem. Deixe que o tal do encaixe venha, só se encarregue de não parar. Acompanhe o tiquetaqueado do relógio e não repita o que te parecer insensato ou estúpido. E reflita pra que venha o bem. Que venha o amor. Que me traga sorte. Que seja puro. Que seja de muita cor. Que seja... Que permaneça pelo tempo que for, sem dor.

Nada de eterno. Nada de talvez. Que eu me aceite e aceite toda e qualquer brevidade que me fizer sorrir. Que a brevidade dure mais que algumas horas.

Eu sabia que o caminho era bonito desde o começo, mesmo quando eu tropecei, mesmo quando o dia tinha nuvens densas, mesmo quando eu não sorri. Eu sabia porque sempre (acredite, sempre mesmo) há o momento certo e o melhor espaço pra um jardim florir.

Quando a dor não tem limite e não tem motivo aparente, eu falo que estou com um buraco enorme no peito. E esse buraco é quente. Uma ferida aberta, dolorida e que me gela os dedos das mãos e um pouco os dos pés.

Às vezes analisamos mais de uma vez a mesma situação. E paramos no tempo. O medo de arriscar e a ansiedade para que aconteçam coisas geram um sofrimento. Fazem com que o buraco se instaure e cresça. Acho que algumas pessoas, talvez a maioria, gastam muita energia pensando no que não têm. E esquecem o que sabem fazer e o que já conquistaram.

Daí a pergunta: já tentou identificar o que causa a dor? Já tentou criar o seu momento com você?

Então vai lá e produz algo que te faça sorrir. Faça algo que te faça não pensar tanto por algum momento.

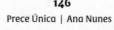

A tarefa de hoje pra você talvez seja se olhar mais no espelho. Se conhecer. Se entender. Porque só você pode se ajudar. Você é quem se coloca no fundo do poço, então é você quem deve encontrar uma saída. Você tem que subir. Olhar pra cima. O que tem no chão já está decorado. Então segue. Olha adiante. Se ame. Chega de se pausar. Aperta o play da vida pra dançar, porque ela toca uma música linda pra gente.

Viva. Um dia de cada vez. Sem pressa. Sem muito ritmo. Com alguns sorrisos e poucas lágrimas.

Senhor, dá-me sabedoria para enfrentar dias nublados e de incertezas. Alivia minhas aflições e livra-me dos olhares maldosos e invejosos. Guia-me por caminhos de luz e deixa por perto quem conhece o amor, a paz e o bem!

Assim seja!

Eu acredito que o que move o mundo é a energia de que dispomos. O tipo de energia que fazemos circular em nós. Essa energia está presente em cada sorriso sincero que oferecemos e em todo abraço carinhoso que damos. Essa energia recebe o nome de amor em muitos momentos. De tristeza ou solidão em outros. E até bem ou mal. Significa e ressignifica saudade. É o que nos faz continuar de pé e o que nos faz desmoronar também.

Nossos desejos, planos e sonhos; nossos sentimentos e ações são pura energia, e a lei da gravidade também. Por isso, eu acredito que o que me movimenta é a energia de que eu disponho pra mim mesma e a energia de que eu me deixo dispor a partir do outro.

A maneira como me sinto está relacionada a tudo que eu deixo se movimentar ao meu redor. E aí, se meu mundo, por algum motivo, deixa de se movimentar, significa que minha energia pode estar se anulando ou tendo interferências (tanto vindas de mim como de outros).

O que tenho pensado – com uma frequência enorme – é que algumas pessoas não merecem compartilhar da nossa energia. Não merecem nosso olhar, nosso abraço, aperto de mão ou presença. Não merecem nem nosso pensamento a seu respeito.

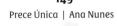

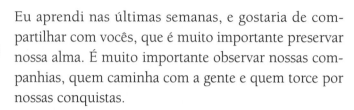

Eu aprendi nas últimas semanas, e gostaria de compartilhar com vocês, que é muito importante preservar nossa alma. É muito importante observar nossas companhias, quem caminha com a gente e quem torce por nossas conquistas.

Eu acredito em energia e acredito ainda mais em suas polaridades. A inveja existe, assim como a bondade. O altruísmo existe, assim como o egoísmo. E a energia que você acumula pode te fazer mal assim como a que dispensa demais.

Acima de tudo eu acredito no equilíbrio. E acredito que o pensamento positivo seja a chave para que nossa energia seja canalizada adequadamente. A maldade existe. A bondade também. Vamos nos resguardar. Pensamento positivo. Bons fluidos. Pessoas do bem. De bom caráter e honestas. É o que peço e espero encontrar por aí.

Eu quero preservar quem vem comigo, sabe? E preservar minha saúde em todos os sentidos. Quero ser feliz e estar feliz. Quero boas energias e acontecimentos incríveis movimentando meu mundo!

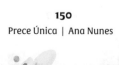

Quero renovar minha fé. Quero acreditar mais e mais nas chances que a vida oferece. Eu quero agradecer!

Se eu não gosto eu fecho a cara, reclamo, digo que não está legal. Se não quero fazer, não faço. Não saio. Não danço. Me despenteio. E assumo: assumo todas as minhas chatices. Mas eu sei que é preciso chegar em casa pra falar certas coisas. Não fico por aí resolvendo meus problemas na frente das pessoas ou na porta delas.

E quem foi que disse que pra ser uma pessoa boa você precisa aceitar tudo, ceder sempre, gostar de tudo e de todos e estar sempre sorrindo? Quem foi que disse que não sou uma pessoa boa porque imponho limites e não quero ouvir queixas repetitivas de pessoas que não conhecem o amor?

Eu aprendi, a duras experiências, que falar *não* é fundamental, mas não sempre; que ceder traz paz, mas não precisa ceder tudo. E aprendi que, pra ser boa, não devo e nem posso sorrir pra quem não tenho vontade.

O amor entre as pessoas começa com o respeito e com os limites, e o mais importante: o amor começa dentro da gente. Não sou obrigada a escutar o que não me acrescenta, cada um com seus problemas, com seus dramas e insatisfações.

Um convite: se resolva.

Deus de misericórdia, abençoa os corações aflitos. Envolve de paz cada ser que precisa de um conforto. Obrigada por Sua perfeição e amor. Cuida de nossos pensamentos e iluminai nossos sentimentos. Dá-nos sabedoria pra seguir.

Amém!

Que em nossos momentos a sabedoria se faça presente para que o amor se mantenha vivo e para que a fé não adormeça.

Assim seja.

Não sinta vergonha de falar de Deus pra alguém. Não sinta vergonha de convidar a família pra orar. Não sinta vergonha de dividir o amor que sente por Deus. É pra orar. É para agradecer, é pra evangelizar. Divida tudo de melhor. Receba e oferte. Assim a fé se multiplica, a fé te honra e, honrada(o) por Deus, a vitória é certa. O Senhor te alcança, te carrega, te protege, te abençoa, zela pelos seus dias.

Não sinta vergonha e agradeça. Feche os olhos e sinta a graça recebida. Você tem um poder transformador e ele se intensifica quando você ora, quando é grata(o).

Não sinta vergonha. Faça uma oração.

Na calma tudo se ajeita, tudo se encontra, inclusive a gente.

Talvez o que falta no sonho seja a coragem. Nada de pitadas ou pequenas doses. Eu tô falando de xícaras cheias, talvez até quilos. Eu tô falando que, pra gente sair do lugar e fazer acontecer, é preciso arriscar o próximo passo. É preciso se colorir. Coragem é isso! Coragem é a cor que se dá aos momentos. Coragem é arriscar o passo e levar o sonho junto! Sem medo de pesos, sem muita medida e com muita raça. É! Coragem é raça!

Entendo que falte um pouco de tudo nos dias, mas se der pra respirar fundo e mandar pra dentro um tanto enorme de coragem que vem com o vento, a positividade transforma as coisas. Acredito no pensamento positivo e ele anda de mãos dadas com essa menina faltante, levada, mas que honra todos os seus compromissos.

Às vezes, o que falta para um sorriso acontecer é isso: coragem! Parece simples, mas, olha: falta coragem nos dias. Falta coragem pra falar, pra agir, pra sentir, pra tocar, ajudar; falta coragem pra estar, pra ser, se impor e se opor também. Falta coragem pra ouvir, falta coragem pra lidar com o silêncio. É preciso coragem até pra ouvir um não bem grande e até aquele sim! Falta coragem pra ser honesto. Falta coragem pra sorrir.

Não deixe seus sonhos andarem por aí despidos. Não deixe que o que te resta de cor se vá. Não tô falando pra ser inconsequente, tô falando pra gente não se deixar escapar.

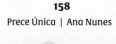

Que seu coração encontre o caminho da verdade. E te afaste do que não valer o sonho.

A ajuda mais sincera e real é aquela que fazemos em silêncio. Pra que alvoroço? Pra que espalhar aos quatro cantos o bem que fez a alguém? Eu questiono se é bem mesmo.

A bondade não precisa ser dita, ninguém precisa saber o que você fez por essa ou aquela pessoa. O silêncio faz com que a solidariedade se transforme em uma corrente poderosa e indestrutível. Comente com os seus, ninguém precisa de jornal ou outdoor, bondade é ação e não palavra ou propaganda. Você não pensou em ligar pra alguém só pra contar que fez alguém sorrir, certo?

Ao invés de espalhar notícias, espalhe amor. Ajude em silêncio. Deus age assim: silencioso e eficaz. Seja bom sem sensacionalismo. Seja por ser, por essência apenas, sem cartazes ou publicidade.

Que a pressa das horas e o cinza do dia
não te façam perder o sorriso nem as cores
com que a felicidade te presenteou!

Nós estamos aqui com uma missão. Passamos por maus bocados, enfrentamos obstáculos, pensamos em desistir. E, nesse momento, uma força oculta nos sacode, nos tira do lugar, nos mostra uma solução, uma direção, um plano B.

Isso é Deus, o Espírito Santo, anjos e espíritos de luz que nos guiam até o nosso real propósito. Isso é Deus, e seus discípulos de amor e bem, nos mostrando o que de melhor a vida tem: possibilidades.

Se agarre à esperança quando o cansaço vier. Se afaste do que te prende o passo. Sua missão é essa: não desanimar, não deixar vencer o que te impede de sorrir e seguir.

Existe uma energia que circula no Universo
e sou eu quem escolhe a cor, o perfume,
a direção e o propósito que ela terá!

Hoje, amanhã e todos os dias de agora em diante eu desejo que o amor te abrace a alma; desejo que sorrisos se multipliquem; desejo que sua fé alcance corações inabitáveis; desejo luz em seu caminho, paz em seus momentos e alegria também.

Eu desejo que você se alcance. Que você se ame. Que você se perceba. Que se sinta. Que você seja o que de melhor puder.

Eu desejo que você não pare. Que não se derrube. Que esteja sempre a postos pra enfrentar a tristeza quando ela chegar.

E eu desejo que você não se esqueça que o que te desejo é pra hoje e pra sempre! Pra todo o sempre!

Que você alcance todas as possibilidades invisíveis que a vida te oferece!

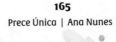

posfácio

Rogério Oliveira

Palavras que abraçam forte e tiram o peso do mundo reunidas em um livro tão cheio de energias que ouso dizer: ELE SALVA. Sabe quando você precisa de um norte e não tem para onde correr? Sabe quando você precisa de um amigo, mas te faltam palavras que expressem o que o seu coração lateja? Então...

Ana tem a doçura de se mostrar sem medo. Em cada trecho uma nova certeza, uma confissão que soa como "Caramba, foi escrito para mim!", feito um mantra que mescla realidade com doses diárias de otimismo necessário.

Há um trecho do livro que diz: "Acredita no poder do amor, no poder da renovação e, principalmente, no poder da fé! Você vai superar os momentos de desânimo!". Assim, você tem a plena convicção de que pode sempre mais. Ter por perto, em qualquer momento, circunstância e adversidade, um livro que te motiva, te instiga e te faz ser alguém melhor não tem preço.

Espero que a leitura tenha sido tão incrível para você como foi para mim. Que você reforce o seu valor, que tenha absorvido em cada página o poder de se reconstruir, de recomeçar, de tentar sempre um pouquinho mais.

Que tenha sempre esperança e muita fé nos dias que parecem cinza e rotineiros. Que você tenha suspirado intensamente ao finalizá-lo, como eu fiz aqui do outro lado, garantindo um alívio imediato de "eu não estou só!"

Espero que você aprecie sem moderação e esteja se sentindo feliz por ter garantido uma obra tão cheia de vida, emoção, luz (muita luz), misto de sensações e que diz, exatamente, tudo aquilo que você não conseguiria expressar por aí.

agradecimentos

Do meu coração para o seu coração: obrigada! Este livro só é possível, porque você acredita em meu trabalho, porque você doa seu tempo para ler minhas palavras. Obrigada!

Obrigada ao meu marido, Vini, pela parceria, amor, doação, pela fé em mim e em meus sonhos. Obrigada às minhas filhas pela luz que trazem a meus dias. Obrigada a meus pais por me permitirem ser o que eu quisesse. Obrigada aos meus irmãos pela amizade e sintonia, mesmo tão distantes.

Obrigada às minhas amigas e aos meus amigos, em especial ao Igor que acompanhou meu trabalho, sempre me motivando, me ouvindo, me apoiando, me mostrando pontos positivos todas as vezes em que eu quis desistir.

Pâmela Marques, Beatriz Zanzini, Vitor Ávila, Rogério Oliveira, Fernando Suhet: obrigada por tudo!

Tha, Néli, Polly, Vê, Iva, Suh, Néya, K, Stellinha, Tati: vocês são minhas pessoas pra sempre! Obrigada por me permitirem fazer parte dos dias de vocês e por acreditarem em mim, às vezes mais do que eu mesma.

Toda prece é única. Toda luz brilha. Toda fé é bonita. Todo sonho é possível.

Beijos inteiros,

Ana Nunes

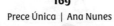